Vente du Lundi 19 Mars 1900

HOTEL DROUOT, SALLE N° 7

à 2 heures précises

DESSINS

AQUARELLES, TABLEAUX

ANCIENS & MODERNES

CADRES ANCIENS

Exposition publique : Dimanche 18 Mars 1900

de 2 heures à 5 heures 1/2

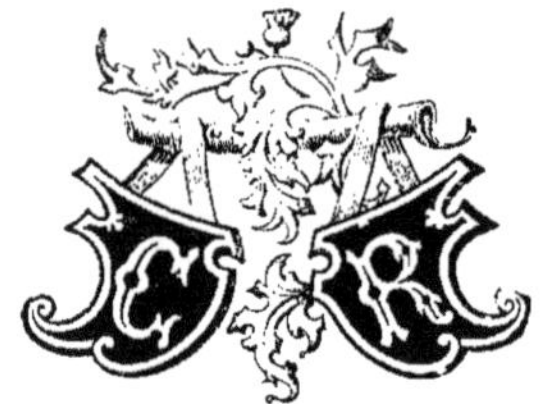

CATALOGUE

DE

DESSINS, AQUARELLES, TABLEAUX

ANCIENS ET MODERNES

CONDITIONS DE LA VENTE

Elle sera faite au comptant.

Les acquéreurs paieront cinq pour cent en sus du prix d'adjudication.

M. Marius PAULME, chargé de la vente, remplira les commissions que voudront bien lui confier les personnes ne pouvant y assister (**Téléphone 259.63**).

MM. les amateurs pourront visiter la collection chez M. PAULME, 10, rue Chauchat, du mercredi 14 mars au samedi 17 mars 1900, de 2 heures à 6 heures.

L'ordre numérique ne sera pas suivi.

N.-B. — La vacation étant chargée commencera très exactement à 2 heures.

CATALOGUE (N° 4)

DE DESSINS

AQUARELLES, TABLEAUX

ANCIENS ET MODERNES

CADRES ANCIENS

Dont la Vente aura lieu Hôtel Drouot, Salle n° 7

LE LUNDI 19 MARS 1900

A 2 HEURES PRÉCISES

Par le Ministère de M° **MAURICE DELESTRE**, commissaire-priseur,
5, RUE SAINT-GEORGES, 5

Assisté de M. **MARIUS PAULME**, expert,
10, RUE CHAUCHAT, 10

EXPOSITION PUBLIQUE : Dimanche 18 mars, de 2 h. à 5 h. 1/2.

DÉSIGNATION

AQUARELLES ET DESSINS ANCIENS

AUGUSTIN (J.-B.).

1. *Portrait d'Antoine Barjon.*

Dessin à l'estompe rehaussé de blanc. On lit au bas, de la main de l'artiste : « Portrait d'Antoine Barjon, par son ami Augustin. » Cadre en bois sculpté.

(*Collection de Bryas.*)

BAUDOIN (P.-A.).

2. *La Fille surprise.*

Dessin au bistre, largement traité. Cadre en bois sculpté.

(*Collection de Bryas.*)

BAUDOIN (Attribué à P.-A.).

3. *Le Pot renversé.*

Plume et encre de Chine.

BENAZECH.

4. *Les Adieux de Louis XVI à sa famille.*

Dessin aux crayons noir et blanc sur papier gris.

BÉRAIN (J.).

5. *Costumes d'Opéra.*

Deux beaux dessins à la sanguine. Cadre ancien bois sculpté.

BÉRICOURT.

6. *Intérieur de Bazar oriental.*

Plume et aquarelle.

BERNARD.

7. *Portrait d'abbé.*

Exécuté à la plume en calligraphie.

BINET.

8. *La Nourrice élégante.*

Charmant dessin à l'encre de Chine. Signé. A été gravé par Boignet. Cadre en bois sculpté.

BOILLY (L.).

9. *Jeune fille en buste, endormie.*

Dessin à la pierre noire.

BOQUET.

10. *Recueil de onze dessins* à la plume : *Costumes* des personnnages du *ballet Persée* représenté sur le théâtre de Versailles en 1770; avec, au-dessous de chaque dessin, les indications manuscrites relatives au rôle et aux détails du costume. In-4° demi-rel. mar. rouge.

BOUCHARDON (Edme).

11. *Joueur de vielle.*

A la sanguine. A été gravé dans la suite des *Cris de Paris*.

BOUCHER (F.).

12. *Étude de femme nue.*

Beau dessin à la pierre noire rehaussé en blanc.

(*Collection Duez.*)

13. *Étude d'homme.*

Beau dessin à la sanguine rehaussé de blanc.

14. *Groupe de trois Amours.*

A la sanguine.

15. *Académie d'hommes assis.*

A la pierre noire sur papier gris.

CARESME.

16. *Satyre et Bacchante.*

Plume et aquarelle.

CARMONTELLE (De).

17. *Pas de deux dansé à l'Opéra, par Damberval et Mlle Allard.*

Aquarelle. A été gravée par J.-B. Tillard.

CASSAS (L.).

18. *Rocher de Terracina* au bord de la mer.

Aquarelle. Signée et datée.

COCHIN (C.-N.).

19. *Mademoiselle Grogniard, dame de Saint-Just.*

Charmant dessin à la pierre noire sur son ancienne monture et dans son cadre du temps, en bois sculpté. Signé et daté de 1781.

(*Collection de Bryas.*)

20. *Portrait de femme.* Elle est assise, les bras croisés, les mains gantées et porte une robe de dentelles.

Beau dessin à la pierre noire sur son ancienne monture dans son cadre du temps, en bois sculpté.

(*Collection de Bryas.*)

21. *Portrait de femme de profil.*

Médaillon rond. A la mine de plomb et sanguine. Signé et daté.

22. *Carnaval parisien sous Louis XV.*

Deux jolis croquis à la plume dans un même cadre.

23. *L'Occupation selon l'âge.*

Très jolie petite composition, plume et sépia. Signé : *Cochin filius.*

DELAFOSSE (J.-C.).

24. *Trophée de guerre.*

Beau dessin à la plume rehaussé d'encre de Chine. Signé et daté.

25. *Boucliers.*

Beau dessin; plume et encre de Chine.

DEMARNE (J.-L.).

26. *Paysages.*

Trois dessins : crayon, encre de Chine, aquarelle.

DESCAMPS.

27. *Têtes d'hommes et de femmes.*

Quatre dessins aux trois crayons.

DESFRICHES.

28. *Deux Paysages.*
A la sépia très légèrement touchés. Cadres bois sculpté.

DESRAIS (Attribué à).

29. Vue de l'*Arche Marion*, à Paris.
Dessin animé de nombreuses figures. Plume et encre de Chine.

DUGOURE.

30. *Arabesques.*
Deux dessins à la plume, relevés d'aquarelle.

DROUAIS (Attribué à).

31. *Portrait de jeune garçon.*
A la pierre noire et rehaussé de blanc sur papier gris.

DUPLESSIS-BERTAUX.

32. *Défilé des Troupes françaises, à Rome.*
Dessin à la plume lavé d'encre de Chine.

33. *Embarquement de militaires.*
Deux dessins à la plume relevés d'encre de Chine faisant pendants.

ÉCOLE ANGLAISE.

34. *Jeune femme au manchon.*
Médaillon ovale, aux crayons de couleur.

ÉCOLE FLAMANDE.

35. *Sainte Cécile.*
Étude à la pierre noire rehaussée de sanguine.

ÉCOLE FRANÇAISE DU XVIIe SIÈCLE.

36. *Trois dessins de Le Brun et du Poussin.*
Étude d'arbre. Ornement. Sujet religieux.

ÉCOLE FRANÇAISE DU XVIIIe SIÈCLE.

37. *Le Chien qui secoue des perles.*
Projet de dessus de porte. Plume et encre de Chine.

38. *La Toilette.* Une jeune maîtresse avec ses deux soubrettes.
A la mine de plomb.

39. *Paysages animés de personnages.*
Gouaches.

40. *Satires contre le Régent et le cardinal Dubois.*
Deux dessins plume et encre de Chine.

41. *Réunion dans un salon.*
A la mine de plomb.

42. *Tête de femme.*
Au crayon, de forme ovale.

43. *Vignette.*
Croquis à la sanguine.

44. *Croquis du Voyage en Italie.*
Cinq croquis à la pierre noire.

45. *Intérieur d'un Musée.*
Importante aquarelle de l'époque du Directoire.
(Collection de Bryas.)

46. *Deux Paysages avec figures.*
A la gouache. Cadres Louis XVI.

47. *Tête de jeune garçon.*
A la pierre noire et à la sanguine.

48. *Gouache.*
Esquisse de forme ovale.

49. *Jeune femme jouant de la harpe.*
Gouache. Cadre Louis XVI, en bois sculpté.

50. *Le Concert amoureux.* Composition de nombreux personnages dans un parc.
A la pierre noire.

51. *La Toilette.*
Médaillon ovale en travers.
Fin dessin à la plume et encre de Chine.

52. *Projet de Régulateur pour le Cabinet du Roy à Versailles.*
Dessin à la plume et encre de Chine.
(Collection J. Pichon.)

*

53. *Croquis au crayon par Boucher.* Dessin ornementé : Napoléon.
2 dessins.

54. *Projet de tapisserie.*
Jolie composition décorative à la plume rehaussée d'encre de Chine.

ÉCOLE FRANÇAISE.

55. *Trois dessins,* par Carle Vernet, Granet et autre.

56. *Cinq dessins,* par Pierre Bouchardon, David et autre.

ÉCOLE ITALIENNE.

57. *Quatre dessins* des XVIe et XVIIe siècles.

EDELINCK (G.).

58. *François de Neufchateau, maréchal de Villeroi,* d'après H. Rigaud.
Curieuse épreuve gouachée du temps, dans un joli cadre en bois sculpté de Bagard.

EISEN (CH.).

59. *Recueil de cinquante-deux dessins de vignettes pour différents ouvrages illustrés du XVIIIe siècle.*
Dessins à la mine de plomb montés à claire-voie et reliés en un vol. in-4° demi-rel. mar. rouge.

FRAGONARD (H.).

60. *Villa d'Este. Vue de Rome.*
Deux croquis au crayon et à la plume relevés de sépia.

FRAGONARD (Attribué à).

61. *Étude de jeune garçon.*
De profil, à droite, les bras élevés. Croquis à la pierre noire, rehaussé de blanc.

FRAGONARD (Genre de).

62. *Paysage avec figures.*
A la plume et à l'aquarelle.

FREUDEBERG (S.)

63. *Servante de Genève. — Paysan du canton de Zurich.*
Deux dessins à l'aquarelle.

GÉRARD (Mlle M.).

64. *Jeune femme et enfant.*
Bon dessin à la plume et encre de Chine.

GRAVELOT.

65. *Deux Dessins de vignettes. In-8°.*
A la mine de plomb.

GUARDI (Fr.).

66. *Deux perspectives de cloîtres en portiques.*
Très jolis et spirituels croquis à la plume lavés de sépia. Encadrés.

HILAIRE (J.-B.).

67. *Vue de la Montagne des Tombeaux, près de Telmissus, dans la Carie.*
Aquarelle signée et datée 1776.

HUET (J.-B.).

68. *Tête d'âne.*
Dessin au crayon noir rehaussé de blanc sur papier gris.

69. *Mouton.*
A la pierre noire rehaussé de blanc. Signé : *J.-B. Huet, an 8e.*

ISABEY.

70. *Quatre portraits,* dont un de femme.
Précieux dessins aux crayons noir et blanc.

JEAURAT (E.).

71. *Joueur de vielle.*
Contre-épreuve d'un dessin à la pierre noire sur papier bleu.

LAJOUE.

72. *Composition pour un dessus de porte.*
A la plume et à l'encre de Chine. Signé.

LALLEMAND.

73. *Bords de rivière,* ombragée de grands arbres.
A la gouache sur parchemin.

LANCRET (N.).

74. *Trois études.*
Deux figures d'hommes, l'une debout, l'autre accroupie; une figure de femme assise.
Aux trois crayons.

LANCRET (Attribué à).

75. *Entretien galant.*
Dessin à la pierre d'Italie, rehaussé de blanc.
(*Collection de Goncourt.*)

LE BARBIER l'Aîné.

76. Deux Vignettes in-12.
Dessins à la plume lavés de sépia. Signés.

LECLERC.

77. *Figure de mode,* femme en pied à grand panier.
Mine de plomb et aquarelle.

LE PRINCE (J.-B.).

78. *Étude de Chinois.*
A la pierre noire. Signé : *L. P. 1760.*

79. *Étude d'homme.*
Crayon et sanguine.

MARILLIER (Attribué à).

80. *Petite Revue du Dauphin.* La foule assiste à un défilé au camp de Satory où des fortins avaient été élevés pour servir à l'éducation militaire du Dauphin.
Intéressant dessin à la plume lavé de bistre.

MARILLIER.

81. Petite Vignette pour *Daphnis et Chloé.*

A la plume rehaussé d'encre de Chine.

MINIATURES.

82. *Corbeille de fleurs. — La Déclaration.*

Gouaches.

MOREAU le Jeune (J.-M.).

(DEUX PENDANTS).

83. *Procession à Isis. — Suite de la Procession à Isis.*

Fins et importants dessins à la plume, lavés de sépia, signés et datés, l'un 1791, l'autre 1793. Le premier figura au Salon de 1791.

Haut., 0,23. — Larg., 0,59.
(*Collection de Bryas.*)

84. *Fête en l'honneur de Marie-Louise.* Défilé d'un cortège.

Charmant petit dessin à la plume lavé de sépia.

NATOIRE.

85. *Vénus accroupie.*

Beau dessin à la sanguine rehaussé de blanc. Cadre en bois sculpté.

86. *Buste de jeune femme.*

Dessin aux trois crayons, de forme ovale. Cadre bois sculpté à ruban.

NORBLIN.

87. *Savoyard faisant brûler des chandelles sur une sellette,* au coin d'une rue. Épisode de séjour de Louis XV en Alsace.

A la sépia.

OLLIVIER.

88. *Groupe dans un parc.*

Jolie composition de quatre personnages à la pierre noire et à la sanguine.

PATER (J.-B.).

89. *Étude de deux personnages.*

A la sanguine.

PERCIER.

90. *Panneau décoratif.*

Composition inspirée de l'antique d'une exécution très précieuse.

PILLEMENT.

91. *Paysans et Animaux.*

A la pierre noire. Signé et daté.

PORTAIL (J.-A.).

92. *Jeune femme assise tenant un chauffe-mains.* Contre-épreuve.

Très gracieuse composition à la pierre noire et à la sanguine.

PRUD'HON (P.-P.).

93. Étude pour l'*Assomption.*

Très beau dessin à la pierre noire, rehaussé de blanc. Remarquable étude de draperies.

A figuré à l'Exposition des Œuvres de Prud'hon, à l'École des Beaux-Arts.

94. *Projet de colonne départementale élevée à la mémoire des braves morts dans la guerre de la Liberté.*

Très beau dessin aux crayons noir et blanc sur papier bleu. Signé et daté : *Pierre-Paul Prud'hon, 1801.* Au revers du cadre est un autographe de Prud'hon donnant la légende et l'explication de la composition.

Haut., 0m,60 ; Larg., 0m,40.

95. *Académie de femme.*

Beau dessin au crayon sur papier bleu d'après Marguerite, son modèle ordinaire. Donné par Prud'hon à Mme Sophie Duprat.

(*Vente Cambray.*)

PRUD'HON (Attribué à P.-P.).

96. *Études de mains et de pieds.*

Trente-sept croquis divers de mains et de pieds, aux crayons noir et blanc sur papier bleu.

97. *Tête d'ange.*

Étude aux crayons de couleur et au pastel. Cadre bois sculpté.

QUEVERDO.

98. *Conversion d'une Princesse païenne.*

Jolie aquarelle sur trait de plume. Cadre bois sculpté.

ROBERT (Hubert).

99. *Temple de la Sibylle, à Tivoli.*

Beau dessin à la sanguine.

(*Collection de Chennevières.*)

100. *Escalier de l'Orangerie de Versailles.*

Dessin à la plume rehaussé d'aquarelle.

(*Collection de Chennevières.*)

101. *Famille de mendiants dans des ruines.*

Dessin à la sanguine rehaussé de sépia. Signé.

SAINT-AUBIN (G. de).

102. *Jeune fille lisant.*

Charmant croquis à la mine de plomb. Cadre bois sculpté.

SAINT-AUBIN (Attribué à).

103. *Croquis divers* sur une même feuille.

A la mine de plomb.

104. *Portrait de femme assise.*

A la pierre noire sur parchemin.

SCHENAU.

105. *Scènes enfantines.*

Deux dessins pierre noire et sanguine.

STOLKER.

106. *Portrait d'Anne de Hooghe,* d'après Bakhuisen.

Dessin à l'encre de Chine.

TAUNAY (N.).

107. *La Récréation.*

Composition de plusieurs personnages. Dessin à la sépia, signé : *N. Taunay.*

(*Collection de Chennevières.*)

TIEPOLO.

108. *Projet de plafond.*

Composition de plusieurs figures à la plume lavée d'encre de Chine. Signée. Cadre en bois sculpté.

109. Dix dessins. Études diverses aux crayons blanc, noir et rouge.

VERNIQUET.

110. *Château de la Ville-Gonthier.*

Deux dessins à la plume lavés d'aquarelle, signés et datés.

VINCENT (R.).

111. *Études et charges.*

Trente-six dessins et contre-épreuves à la sanguine, à la pierre noire et à la mine de plomb.

WATTEAU (Ant.).

112. *Étude de jeune garçon.* De 3/4 à gauche les mains croisées, son chapeau sous le bras. En haut à gauche, étude de jeune fille.

Aux trois crayons.

113. *Paysage. — Études d'homme.*

Trois croquis à la sanguine.

114. *Études d'hommes et de femmes.*

Quatre petits dessins à la sanguine.

WATTEAU (Attribué à).

115. *Étude de femme.*

A la sanguine. Cadre bois sculpté.

WITT (J. de).

116. *Composition pour un plafond.*

A la plume et aquarelle. De forme ovale.

117. *Tête de Chérubin.*

Dessin aux trois crayons.

118. *Groupe de trois Amours.*

Petit projet de plafond. Plume et aquarelle.

119. Sous ce numéro : les dessins non catalogués.

AQUARELLES ET DESSINS MODERNES

BONNINGTON (Attribué à).

120. *Cathédrale de Senlis.*
Aquarelle.

COROT (C.).

121. *Étude de paysage.* Une figure assise auprès d'une mare abritée sous la verdure.
Au fusain, de forme ovale.

122. *Étude de paysage.* Ruisseau et saules.
Au fusain et à l'estompe.

DAUBIGNY (C.-F.).

123. *Paysage.* Pâturage avec animaux au bord d'une rivière animée de bateaux, ciel nuageux.
Étude à la pierre noire.

DELACROIX (Eug.).

124. *Saint Jean et sainte Victoire dans la chapelle d'Eu.*
A la mine de plomb.
(*Collection Doria.*)

125. *Étude de falaise.*
A l'aquarelle sur papier blanc. Cachet de la vente.

126. *Étude de tigre.*
Au crayon. Cachet de la vente.

127. *Étude d'armure. — Cavalier.*
A l'aquarelle. Cachet de la vente.

DEVÉRIA.

128. *Portrait de Piron.*
A a sépia, rehaussé de blanc, signé et daté 1824.

DORÉ (G.).

129. *Whitefriars bridge.* Londres, 1870.
A la plume, rehaussé de mine de plomb. Signé et daté.

130. *Don Quichotte.*

Croquis à la plume. Cachet de la vente.

ÉCOLE FRANÇAISE MODERNE.

131. *a.* Croquis par Paul Dubois. Signé et daté. — *b.* Académie de femmes, par A. Legros. Signée. — *c.* Marmiton, par Ribot. Signé du monogramme.

ÉCOLE MODERNE.

132. *Amphitrite.* Jolie composition décorative en forme de dessus de porte.

A l'aquarelle, relevée d'huile.

FLANDRIN (Hip.).

133. Deux études d'homme et de femme pour la décoration de Saint-Germain-des-Prés à Paris; plus un autre dessin.

FORAIN (Attribué à).

134. Croquis.

A l'aquarelle.

GAILLARD (F.).

135. *Tête de femme.*

A la plume.

GAVARNI.

136. *Jeune femme.*

Dessin à la mine de plomb, sur buis. Préparation de planche.

HERVIER.

137. *Entrée d'un village.*

A la mine de plomb, vigoureusement aquarellée et datée de 1843.

INGRES (J.-A.-D.).

138. *Portrait de Louise de Broglie comtesse d'Haussonville.*

Beau dessin à la mine de plomb, étude pour un portrait peint. Signé en bas à gauche.

139. *Henri IV jouant avec ses enfants au moment où l'ambassadeur d'Espagne est admis en sa présence.*

Étude pour le tableau du Salon de 1824. A la mine de plomb. Signé en bas à droite.

JACQUE (Charles).

140. *Paysage.*

Chaumière avec paysans et animaux au bord du chemin.

Dessin à la pierre noire.

JOHANNOT (Tony).

141. *Ma Nacelle.*

Petite vignette, à la sépia. Signée.

LORSAY (Eust.).

142. *Illustrations pour l'Histoire des Girondins,* de Lamartine.

Dix-sept dessins à la mine de plomb. Encadrés.

MONNIER (Henry).

143. *Étude d'homme en costume Louis XV.*

Très beau dessin à la mine de plomb, à la plume et rehaussé d'aquarelle. Signé : *Henry Monnier, Lyon, mai 18, 1844.*

144. *Homme debout, la canne à la main.*

Très beau dessin à la mine de plomb, rehaussé d'aquarelle. Signé : *Henry Monnier, Lyon, novembre 1843.*

ROBERT-FLEURY ~~(Tony)~~

145. *Deux croquis.*

A l'aquarelle.

ROUARGUE (A.).

146. *Deux Vues de Venise.*

Au crayon rehaussé de blanc.

ROUSSEAU (Théodore).

147. *Coin de village.*

Petite aquarelle. Cachet de la vente.

148. *Vue d'Étretat.*

Joli croquis à la mine de plomb portant le cachet de la vente de l'artiste.

Haut., 0,22; — Larg., 0,39.

SAINT-MARCEL (Edme).

149. *Croquis d'animaux.*

Deux études de lion et deux études de tigre aux crayons de couleurs.

TROYON (Constant).

150. *La Moisson.*

Belle étude à la pierre noire. Cachet de la vente.

151. *Lisière de Bois.*

Crayon noir rehaussé de blanc et rouge. Cachet de la vente.

WILLETTE.

152. *Pierrot assis.*

Petit croquis à la plume.

TABLEAUX ANCIENS ET MODERNES

BELLANGÉ (Eug.).

153. *Bataille de Magenta.*

Toile. Haut., 0,65; — Larg., 1,00.

154. *Départ des troupes pour la Crimée.*

Toile. Haut., 0,52; — Larg., 0,75.

155. *Retour des troupes de Crimée.*

Toile. Haut., 0,43; — Larg., 0,60.

BOILLY (L.).

156. *Le Bon ménage.*

Très jolie esquisse peinte sur papier. Le vêtement de la femme et le siège du canapé seuls sont terminés. (Collection Desperet.)

(Boilly, par Harrisse, n° 305.)

DAVID (Attribué à).

157. *Composition antique.*

Belle esquisse peinte sur toile.

Haut., 0,33; — Larg., 0,25.

DIAZ (Attribué à N...).

158. *Étude de femme nue dans un paysage*, sur toile.

Haut., 0,24; — Larg., 0,32.

ÉCOLE FRANÇAISE DU XVIIe SIÈCLE.

159. *Tête d'homme.*

Très jolie esquisse peinte. Toile. Cadre en bois doré.

MOREAU (Louis).

160. *Vue d'un Parc*, avec terrasse, effets d'eau et personnages en promenade.

Toile. Haut., 0,19; — Larg., 0,26.

MÉTIVIER.

(2 PENDANTS).

161. *Paysages* accidentés agrémentés de petits personnages.

Toiles signées : *Métivier, 1774.*

Haut., 0,24; — Larg., 0,32.

PRUD'HON (P.-P.).

162. *Assomption de la Vierge.*

Esquisse peinte de forme cintrée. Belle étude en camaïeu.

REGNAULT (Baron).

163. *Allégorie.*

Projet de panneau décoratif. Peinture sur bois.

CADRES ANCIENS

164. Deux cadres de l'Époque Louis XVI en bois sculpté doré, agrémentés d'ornements en plomb.

Haut., 0,30; — Larg., 0,67.

165. Cadre ovale de l'Époque Louis XIV en bois sculpté et doré, avec fronton et culot.

Haut., 0,17; — Larg., 0,14.

166. Trois cadres anciens de l'Époque de Louis XIV, en bois sculpté et doré; seront divisés.

167. Cadre de l'Époque Louis XVI en bois sculpté et doré, de forme ovale, composé de 2 branches de feuillages réunies par un nœud de ruban.

Ovale. Haut., 0,28; — Larg., 0,23.

168. Cadre de l'Époque Louis XVI d'ouverture ovale inscrite dans un rectangle, en bois sculpté et doré.

Ovale. Haut., 0,88; — Larg., 0,70.

Paris. — Typ. Chamerot et Renouard, 19, rue des Saints-Pères. — 38971.

www.ingramcontent.com/pod-product-compliance
Ingram Content Group UK Ltd.
Pitfield, Milton Keynes, MK11 3LW, UK
UKHW020538180726
13839UKWH00006B/2589